LA REVOLUCIÓN FRANCESA

El movimiento que marcó el fin del absolutismo

Por Sandrine Papleux
Traducido por Marina Martín Serra

Historia en50MINUTOS.es

LA REVOLUCIÓN FRANCESA

- **¿Cuándo?** La Revolución francesa comienza el 5 de mayo de 1789, con la apertura de los Estados Generales, y se acaba el 9 de noviembre de 1799, tras el golpe de Estado del 18 de brumario.
- **¿Dónde?** En Francia inicialmente, aunque las ideas revolucionarias se extienden progresivamente en otros países.
- **¿Contexto?** La Ilustración; el Antiguo Régimen; el ascenso de la burguesía.
- **¿Principales protagonistas?**
  - Luis XVI (1754-1793), rey de Francia.
  - Danton (1759-1794), político francés.
  - Robespierre (1758-1794), político francés.
  - Gilbert du Motier de La Fayette (1757-1834), político francés.
  - Mirabeau (1749-1791), político francés.
  - Marat (1743-1793), político francés.
- **¿Repercusiones?**
  - Promulgación de la Declaración de los Derechos del Hombre y del Ciudadano y fundación del derecho civil.
  - Inicios de una democracia en Francia.
  - Transformación de la identidad europea.

Desde la revuelta que conduce a la toma de la Bastilla hasta el golpe de Estado del 18 de brumario, la Revolución francesa es un momento crucial para la historia de Francia. Tras acabar con el Antiguo Régimen y con su monarquía absoluta, intentará encontrar su identidad política durante diez largos años, pasando por una monarquía constitucional antes de proclamar la República. En definitiva, la Revolución logrará acabar con la realeza, abolir los privilegios feudales de la nobleza y del clero y dejar a Francia un legado de inestimable valor: la Declaración de los Derechos del Hombre y del Ciudadano, que establece el derecho a la libertad y la igualdad ante la ley y que reconoce el principio de soberanía de la nación.

A continuación, las guerras revolucionarias contribuyen a la difusión de estos principios en gran parte de Europa y a la creación de repúblicas hermanas, que son Estados creados por el Directorio (octubre de 1795-noviembre de 1799) en países acabados de conquistar. Estos conflictos, que se perpetúan en las guerras napoleónicas del Consulado (noviembre de 1799-mayo de 1804) y del Primer Imperio (mayo de 1804-marzo de 1815), contribuyen en gran medida a la transformación de las fronteras y de los Estados de Europa.

LA GUILLOTINA: IDEAS PRECONCEBIDAS

Contrariamente a la creencia popular, la guillotina no fue inventada por el doctor Joseph Guillotin (1738-1814). Aunque la historia parece haberlo olvidado, este instrumento de ejecución sumamente popular durante la Revolución y que se utilizó hasta 1977 fue creado en realidad por Antoine Louis (1723-1792), secretario vitalicio de la Academia de Cirugía. Inspirándose en técnicas conocidas, Louis perfecciona las herramientas para obtener una máquina más eficaz a la que nombra «louison». Sin embargo y a pesar de las quejas del doctor, el instrumento será rebautizado más adelante con el nombre de «guillotina», porque Joseph Guillotin, diputado del tercer estado, se encargará de promocionarla ante la Asamblea Constituyente, con el objetivo de uniformizar las penas de muerte y de reducir el sufrimiento de los condenados.

Otra idea preconcebida es la creencia errónea de que el propio Guillotin sufrió las consecuencias de su máquina. Aunque lo encarcelaron durante el Terror, lo liberaron tras la muerte de Robespierre.

CONTEXTO

FRANCIA BAJO EL ANTIGUO RÉGIMEN

Una sociedad llena de desigualdades

El poder bajo el Antiguo Régimen se basa en una monarquía absoluta de derecho divino que sitúa al rey como dueño incuestionable de Francia, solamente por detrás de Dios. La sociedad posee una estructura socioeconómica heredada de la Edad Media y dividida en tres órdenes: el clero, la nobleza y el tercer estado. La nobleza y el clero son los únicos estamentos privilegiados que ostentan el poder político. Respetando estas tradiciones, los privilegios, las libertades y el peso de los impuestos están repartidos de forma desigual entre los tres estamentos.

Sin embargo, a partir de la segunda mitad del siglo XVIII, surge una nueva categoría social: la burguesía. Procedente del tercer estado, sabe sacar provecho del enriquecimiento global del país y constituye una nueva fuerza que aspira a funciones más prestigiosas. Ante estos acontecimientos y para no perder sus privilegios, la nobleza se fortalece y se adjudica todos los altos cargos en la administración y en el ejército.

Un sistema rígido y gremial

La economía francesa, que está basada sobre todo en la producción de cereales, se encuentra con que los rendimientos son muy bajos, y esta situación no se podrá arreglar con técnicas de explotación rudimentarias. Los campesinos soportan una carga excesiva de impuestos señoriales (diezmos, impuestos reales, etc.) que tienen que pagar. Por lo tanto, las tierras garantizan la parte más sustancial de la riqueza francesa, y poseerlas representa un primer signo de fortuna y de ascenso social. La sociedad campesina, debilitada a finales del siglo XVIII, sin perspectivas de empleo estable, no tiene más remedio que irse a la ciudad para encontrar trabajo.

Bajo el Antiguo Régimen, la industria se organiza en corporaciones, cada una de las cuales posee estatutos y un reglamento propios. Con una tasa de crecimiento del 60 %, será el ámbito que contribuirá a la recuperación de la economía francesa.

La filosofía de la Ilustración

A comienzos del siglo XVIII surge un movimiento de renovación intelectual y cultural. Sus articuladores proceden mayoritariamente de la alta burguesía y de la nobleza, y quieren combatir contra la arbitrariedad y el oscurantismo y acabar con las desigualdades sociales mediante conceptos de tolerancia, de libertad y de igualdad. Se trata de Montesquieu (1689-1755), Voltaire (1694-1778), Rousseau (1712-1778) y Diderot (1713-1784).

Estos filósofos, partidarios de la libertad de comercio, cuestionan el sistema rígido del Antiguo Régimen y presentan, sucesivamente, nuevas teorías políticas: Voltaire propone que se establezca una monarquía parlamentaria; Montesquieu, por su parte, defiende la separación de los poderes legislativos, ejecutivos y judiciales; por otro lado,

Rousseau aborda la creación de un contrato social que privilegiaría la igualdad entre todos los ciudadanos e inauguraría la soberanía del pueblo.

Esta corriente filosófica influirá en los grandes acontecimientos de finales del siglo XVIII en todo el mundo, e inspirará la Declaración de Independencia de los Estados Unidos (4 de julio de 1776) y la Declaración de los Derechos del Hombre y del Ciudadano, nacida de la Revolución francesa.

FRANCIA EN VÍSPERAS DE LA REVOLUCIÓN

La crisis del trigo

Desde 1775, el reino de Francia pasa por sucesivas crisis cerealeras. Sin embargo, los años 1788-1789 serán los peores en este sentido, a causa de las pésimas condiciones meteorológicas: en junio de 1788, se producen lluvias torrenciales que echan a perder todas las cosechas. Unos meses después, el invierno será durísimo y se alargará hasta marzo de 1789, arruinando las pocas cosechas del año. Estas inclemencias originan una escasez de trigo, cuyo precio se duplica y provoca un aumento del precio del pan, alimento básico para la población.

Propietarios de tierras y de granjas, señores y órdenes monásticas se aprovechan de estos tiempos de crisis del trigo para enriquecerse: alimentando con parsimonia el mercado del trigo, influyen en su precio. El grano se vende al mejor postor en los mercados vecinos o es almacenado por las propias religiosas. La población, que encuentra muchas dificultades para alimentarse, está agotada física y moralmente. Esta carencia de alimentos desencadena problemas importantes en toda Francia.

De la crisis financiera a la crisis parlamentaria

Desde el siglo XVIII, las arcas del Estado están prácticamente vacías, y la situación empeora todavía más con la participación de Francia en la guerra de la Independencia de los Estados Unidos (1775-1782). El Estado tiene un gran déficit y deja de poder costear el gasto público y militar.

Los ministros de Luis XVI quieren reformar el sistema fiscal, puesto que ya no pueden pedir más préstamos para reembolsar la deuda: desean que todos —y no solamente el pueblo— contribuyan al aumento de los impuestos existentes. No obstante, este intento de reforma se encuentra con la oposición de los dos primeros estamentos del reino, el clero y la nobleza que, gracias a sus privilegios, están exentos de pagar impuestos directos. A partir de 1774, se irán sucediendo por lo menos diez ministros de Economía que, sin embargo, no lograrán que se adopten reformas válidas.

Otra medida adoptada por el rey consiste en reducir las competencias judiciales de los parlamentos (supresión de sus derechos de verificación, de amonestación y de registro) en provecho de un tribunal plenario cuyos miembros serán elegidos por él. Así, los parlamentarios, que principalmente son nobles, pierden el control de la política del reino, y empieza una lucha que será una de las primeras señales precursoras del fin de la sociedad del Antiguo Régimen. La revuelta, apoyada por la población, se apodera de los parlamentos provinciales; estallan disturbios en Rennes y también en el Delfinado (provincia del sureste de Francia), donde son extremadamente violentos.

Tras la Jornada de las Tejas, el Parlamento exige la convocatoria inmediata de los Estados Generales en Vizille (en el Delfinado) y anima a los franceses a negarse a pagar los impuestos hasta que el Luis XVI ceda. El rey, acorralado, no tiene más remedio que acceder a sus peticiones y, finalmente, los Estados Generales se celebrarán en mayo de 1789.

La Asamblea de Vizille, cuadro de Alexandre Debelle, 1853

BIOGRAFÍAS

LUIS XVI, EL REY MÁRTIR

Retrato de Luis XVI en traje de coronación, cuadro de Joseph Duplessis, 1777.

Luis XVI nace en Versalles el 23 de agosto de 1754 y, tras la muerte prematura de su padre Luis de Francia (1729-1765), se convierte en el delfín del reino. Con 20 años, sucede a su abuelo Luis XV (1710-1774). Su acceso a las funciones reales es algo muy esperado por los partidarios del cambio. Sin embargo, aunque Luis XVI intenta llevar a cabo reformas atrevidas, a menudo son inoportunas o se quedan a medias, como la alianza con los Estados Unidos, que contribuye a la bancarrota del Estado francés. Asimismo, el rey se interesa por las finanzas y quiere emprender una reforma a este nivel pero, al encontrarse con la oposición de la nobleza, termina cediendo y desestimándola. Puesto que la situación es crítica y que sus ministros no consiguen encontrar soluciones, convoca en vano una asamblea de notables. A continuación, Luis XVI decide convocar excepcionalmente los Estados Generales el 5 de mayo de 1789. No se opone al hecho de que los diputados se constituyan en Asamblea General y luego en Asamblea Constituyente, ni tampoco a la idea de que se establezca una constitución. Al tiempo que su poder se reduce cada vez más, no logra hacerse escuchar y a menudo termina sometido. Así, aunque había aceptado llevar la escarapela tricolor que simboliza la Revolución, en un primer momento se niega a firmar la Declaración de los Derechos del Hombre y del Ciudadano. Sin embargo, acabará viéndose obligado a hacerlo a causa de la violencia del pueblo que se levanta.

En este contexto y temiendo por su seguridad, Luis XVI acepta huir de París con su familia. Sin embargo, los alcanzarán en Varennes la noche del 21 de junio y los conducirán a las Tullerías, bajo vigilancia permanente. Rápidamente, correrá el rumor de la existencia de un complot entre la Corte y la nobleza para atacar a los revolucionarios y, el 10 de agosto de 1792, el pueblo sitia las Tullerías. Entonces, la familia real es conducida a la fuerza a la torre del Temple, a la espera de su proceso. Finalmente, Luis XVI será declarado culpable de conspiración contra la seguridad general del Estado y lo guillotinarán el 21 de enero de 1793; María Antonieta, por su parte, sufrirá la misma suerte el 16 de octubre de ese mismo año.

Luis XVI y el abad Edgeworth de Firmont al pie del cadalso, cuadro de Charles Benazech, 1793. El abad Edgeworth de Firmont (1745-1807) fue el último confesor del rey.

María Antonieta, ¿chivo expiatorio de la Revolución francesa?

La archiduquesa de Austria, María Antonieta (1755-1793), tan solo tiene 15 años cuando se casa con el futuro rey de Francia, Luis XVI. En ese momento, la joven pareja real hace que nazca la esperanza de una renovación en la monarquía. Sin embargo, el matrimonio tarda en darle un heredero a la Corona, y esta dificultad refuerza la imagen de debilidad e impotencia del rey, además de dar pie a los rumores sobre los supuestos amantes de María Antonieta. En efecto, el matrimonio no se consumará hasta siete largos años después, y la reina acabará dando a luz a cuatro hijos. De estos, solamente uno sobrevivirá a la Revolución: se trata de Marie-Thérèse Charlotte (1778-1851), llamada Madame Royale.

Las esperanzas del pueblo pronto se desvanecen y empiezan a correr todo tipo de rumores sobre María Antonieta. A la joven reina no le gusta nada la rigidez de los rituales y de los códigos de la Corte, algo que ofende a los cortesanos. Para evitar la monotonía y el aburrimiento, forma un círculo de allegados a los que llena de favores y que elige en función de sus afinidades y no de su rango, como sería conveniente. Asimismo, se la critica por sus gastos; aunque solamente representan una pequeña parte del presupuesto del Estado, causan resentimiento entre el pueblo, que acabará apodándola Madame Déficit.

A medida que pasa el tiempo, los rumores se vuelven

más fuertes. La acusan de actos que la moral pública reprueba (amantes, prácticas sexuales antinaturales, incesto, etc.) y, cuando se posiciona a nivel político, se le acusa de priorizar los intereses de Austria a los de Francia, lo que le hará ganarse un nuevo apodo: la austríaca. La prensa se lo pasa en grande y juega con la irascibilidad del pueblo, construyendo una imagen calumniosa de la reina que tendrá un impacto decisivo en los acontecimientos revolucionarios.

DANTON, EL ATLETA DE LA LIBERTAD

Grabado que representa a Danton en el estrado.

Georges Jacques Danton nace el 28 de octubre de 1759 en Arcis-sur-Aube, en la Champaña, y antes de sumarse a los principios de la Revolución ejerce como abogado. En abril de 1790, funda la Sociedad de Amigos de los Derechos del Hombre y del Ciudadano, más conocida como Club de los Cordeliers. Después del asunto de Varennes, tras el cual reclama la destitución del rey, su popularidad aumenta, y su papel en la preparación del asalto a las Tullerías será importante. Cuando el poder real es derrocado, la Asamblea Legislativa lo nombra ministro de Justicia. Durante ese mandato transcurren las masacres de septiembre de 1792, en las que los sans-culottes, por miedo a un complot monárquico, masacran a miles de personas detenidas en las cárceles, sin que Danton intervenga.

Durante la Convención, Danton es nombrado diputado montañés. Cuando se producen las disputas entre girondinos y montañeses, intenta llegar a una conciliación, en vano. Entonces, Danton deja la Convención por un tiempo y, cuando regresa, el tribunal debe pronunciarse sobre el destino del rey. Aunque es un ferviente partidario de la República, parece que no desee la muerte de Luis XVI, sino que prefiera la vía del destierro. Sin embargo, votará a favor de su muerte.

Durante el año 1793, aprueba la creación del Tribunal Criminal Extraordinario y del Comité de Salvación Pública, del que será presidente hasta que, en julio de 1793, Robespierre aproveche su baja influencia y lo destituya del cargo, ya que considera que el comité es demasiado moderado.

En octubre de 1794, Danton se opone a la continuación del

Terror y, con la ayuda de Camille Desmoulins (publicista y político francés, 1760-1794), promueve la indulgencia, lo que le hace ganarse la hostilidad de Robespierre. Poco después, es acusado de venalidad y de hacer tratos con el enemigo y, aunque se le avisa de los cargos que se le imputan, se niega a huir, argumentando que «uno no puede llevar a la patria en la suela de los zapatos» (García de Leániz Caprile 2014). Es detenido en marzo de 1794 y juzgado junto con Camille Desmoulins, para acabar siendo guillotinado el 5 de abril del mismo año.

ROBESPIERRE, EL INCORRUPTIBLE

Retrato de Robespierre.

Maximilien de Robespierre nace el 6 de mayo de 1758 en Arras, en el Pas-de-Calais, y enseguida se muestra atraído por los ideales de la Ilustración. Inicialmente ejerce como abogado y después como juez en el Tribunal Episcopal. En 1781, se inscribe en el Consejo Provincial de Artois y se convierte en diputado del tercer estado. Luchará sin tregua por la libertad de opinión, de prensa y de reunión, así como por la abolición de la esclavitud y de la pena de muerte. Bajo la Asamblea Constituyente, es uno de los principales defensores de la igualdad de derechos y del sufragio universal, por lo que participará en la elaboración de la Declaración de los Derechos del Hombre y del Ciudadano y de la primera Constitución, redactada en 1791.

Robespierre es miembro de los jacobinos desde su creación y utiliza la tribuna para oponerse al derecho de veto del rey, así como a la guerra contra Austria (1792). Al cabo de poco, entra en el Consejo General de la Comuna para reclamar la destitución del monarca. Bajo la Convención, es elegido diputado montañés, y se pronuncia a favor de la ejecución de Luis XVI por decreto, pero no será aceptado. Frente a la amenaza de una guerra civil iniciada por los girondinos, Robespierre hace un llamamiento a la insurrección del pueblo. Sin embargo, puesto que no desea que corra la sangre, se conformará con expulsar a los girondinos de la Convención. Sucede a Danton en el Comité de Salud Pública y promulga la Ley del Máximo (9 de septiembre de 1793), que garantiza un precio máximo para los productos de primera necesidad, proclama la abolición de la esclavitud y suprime definitivamente los derechos feudales.

Convencido de que la República está bajo amenaza y de que su deber es protegerla, arremete sucesivamente —aunque a regañadientes— contra los hebertistas a la izquierda y los indulgentes a la derecha, de los que forman parte sus amigos Danton y Desmoulins. Asimismo, promulga la Ley del 22 de Pradial del Año II (10 de junio de 1794) que reduce los procesos a simples comparecencias ante los jueces. Sin embargo, una vez se ha alejado el peligro, Robespierre quiere poner fin al Terror y condena los excesos. Aun así, por miedo a represalias y a la influencia del apodado el Incorruptible, muchos diputados de la Convención forman una alianza en su contra. Finalmente, el 9 de termidor (27 de julio de 1794), Robespierre y sus incondicionales son arrestados y guillotinados.

LA FAYETTE, HÉROE DE LOS DOS MUNDOS Y PROTECTOR DE LA MONARQUÍA

Retrato de Gilbert du Motier de La Fayette, por Joseph-Désiré Court, 1834.

La Fayette nace el 6 de septiembre de 1757 en el castillo de Chavagnac, en Auvernia, y representa a la joven nobleza liberal de finales del siglo XVIII. Adquiere notoriedad durante la guerra de Independencia de los Estados Unidos, y una victoria en Yorktown lo hará saltar a la fama. Cuando vuelve a Francia, impregnado de los ideales de la Constitución estadounidense, participa en los Estados Generales como representante de la nobleza de Auvernia. Se pronuncia a favor de una revolución limitada que conduciría al control de la monarquía por parte de los aristócratas y de la alta burguesía. El 13 de julio de 1789, es nombrado vicepresidente de la Asamblea Constituyente, y se convierte en comandante de la Guardia Nacional. Asimismo, participa en la redacción de la Declaración de los Derechos del Hombre y del Ciudadano y en la elaboración de la Constitución.

La Fayette, monárquico convencido, garantiza el retorno de la familia real a París cuando se producen las Jornadas de Octubre de 1789 y el asunto de Varennes, para el que hará correr la voz de un secuestro y no de una fuga. Tras este acontecimiento, se le acusa de complicidad con la Corte y su popularidad baja. Finalmente, el 17 de julio de 1791, pierde toda su credibilidad cuando dispara sobre los manifestantes del Campo de Marte, donde se estaban produciendo disturbios. Más adelante, es nombrado general del Ejército del Norte y, tras la detención del rey, amenaza con marchar sobre París. Poco después, huye después de haber sido acusado por los jacobinos, hasta que cae preso en manos de los austríacos, que lo liberarán con la firma del Tratado de Campoformio, en 1797.

Cuando vuelve a Francia, La Fayette es elegido diputado, participa en la segunda abdicación de Napoleón I (1769-1821) y hace que Luis Felipe (1773-1850) sea coronado rey de los franceses. Sin embargo, acaban rebajándolo a comandar la guardia parisina, por lo que se siente traicionado y dimite. Entonces, vuelve a adoptar su papel de opositor hasta que muere en 1834.

MIRABEAU, EL ORADOR DEL PUEBLO

Retrato de Mirabeau.

Honoré Riquetti, conde de Mirabeau, nace el 2 de abril de 1749 en el castillo de Bignon, en el Loiret. Tras una juventud tumultuosa, acaba buscando su propio camino en la Revolución y el advenimiento de una monarquía constitucional. Su actitud libertina llena de extravagancias y seducciones hará que lo condenen en rebeldía por rapto y adulterio. Pasará varios meses en la cárcel y, finalmente, saldrá de ella arruinado.

Rechazado por la nobleza, después de la convocatoria de los Estados Generales en 1789 consigue ser elegido por el tercer estado. Construye su gran popularidad negándose a obedecer las órdenes reales y rápidamente se presenta como el defensor de la nación, que lucha contra los abusos de los privilegiados y contra la omnipotencia del rey. Gracias a su prodigiosa elocuencia, se convierte en orador en la Asamblea Nacional y en autor del preámbulo de la Declaración de los Derechos del Hombre y del Ciudadano. Partidario de una monarquía constitucional, desea conseguir un sensato equilibrio de poderes entre el rey y la Asamblea: defiende el veto absoluto del rey y le deja sus prerrogativas en materia de paz y de guerra.

Frente a los peligros que amenazan a la monarquía, Mirabeau ofrece sus servicios a Luis XVI, a cambio del reembolso de sus deudas. Lleva a cabo un doble juego: sigue apoyando las ideas de la Revolución ante los revolucionarios, al tiempo que defiende la monarquía ante sus partidarios, y le propone al rey que acepte una monarquía constitucional. En marzo de 1791, Mirabeau se convierte en presidente de la Asamblea. Socavado por los excesos y el trabajo, pronuncia una frase premonitoria, «Me llevo en el corazón el duelo por una monarquía cuyos despojos serán presa de los rebeldes» (Baradero te informa 2015), y acaba muriendo el 2 de abril del mismo año. Es transportado al Panteón, pero quedará excluido de él bajo la Convención, ya que el armario de hierro secreto del rey acabó revelando su duplicidad.

MARAT, EL AMIGO DEL PUEBLO

Retrato de Marat.

Marat nace el 24 de mayo de 1743 en Boudry, en Suiza. Más adelante, se instala en París y se convierte en el médico de los guardias del cuerpo del conde de Artois, el futuro Carlos X (1757-1836), hermano de Luis XVI. Con el advenimiento de la Revolución, funda *L'Ami du peuple*, un periódico político que apoya y exhorta el movimiento revolucionario. Sin embargo, sus ataques contra Necker (1732-1804) y La Fayette hacen que esté expuesto a persecuciones judiciales.

Es miembro activo del Club de los Cordeliers y, tras la fuga de Varennes y los fusilamientos del Campo de Marte (17 de julio de 1791), se vuelve todavía más violento. A través de su periódico, incita al pueblo a ir al asalto de las Tullerías (10 de agosto de 1792) y es el instigador de las masacres de septiembre.

Bajo la Convención, es elegido diputado de París, y apoya a la Comuna y a la Montaña en su lucha contra los girondinos. En abril de 1793, es elegido presidente de los jacobinos, cargo desde el que realizará un llamamiento a la insurrección civil y al golpe de Estado:

> «¡Levantémonos! ¡Sí, levantémonos todos! Arrestemos a todos los enemigos de la Revolución y a todas las personas sospechosas. Exterminemos sin piedad a todos los conspiradores, si no queremos ser exterminados nosotros» (Ramírez 2011).

Sus excesos verbales resultan molestos y la Convención acaba pidiendo su arresto pero, puesto que goza de una inmensa popularidad en París, el Tribunal Revolucionario lo absuelve. Marat vuelve a la Convención, donde se enciende contra sus adversarios. Finalmente, el 13 de julio de 1793, morirá asesinado en París a manos de Charlotte Corday (1768-1793), una admiradora fanática de los girondinos que será ejecutada por haber cometido este crimen.

DE LA REVUELTA A LA REVOLUCIÓN: DIEZ AÑOS DE COMBATES

LOS INICIOS DE UNA REVUELTA (1789)

La oposición contra la monarquía

El rey, que debe hacer frente a la crisis económica y financiera y a las tensiones que emergen de todas las clases sociales, convoca los Estados Generales, un hecho que despierta un gran entusiasmo, ya que su última convocatoria había sido en 1614.

Apertura de los Estados Generales en Versalles en la sala de los Pequeños Placeres, por Isidore-Stanislas Helman y Charles Monnet.

El 5 de mayo de 1789, los Estados Generales se reúnen en Versalles. Sin embargo, el primer día acaba con una gran decepción para los diputados del tercer estado: mientras que esperaban que las sesiones dieran lugar a una verdadera reforma constitucional, el rey fija como objetivo la búsqueda de nuevos medios para sanear las finanzas del Estado y de nuevas fuentes de financiación.

Los diputados del tercer estado desaprueban la voluntad del rey y presentan resistencia: el 17 de junio, junto con varios miembros del clero y de la nobleza que se les suman, se autoproclaman Asamblea Nacional. Tres días después, prestan el juramento de no separarse antes de darle a Francia una verdadera constitución, en la sala del Juego de Pelota (en francés, Jeu de Paume).

Copia de *El Juramento del Juego de Pelota* de Jacques-Louis David, por Luc-Olivier Merson, 1883.

El 23 de junio, los tres estamentos se reúnen en presencia del rey. Sin embargo, se niegan a situarse en cámaras distintas y a dividirse, por lo que se requiere a los diputados que abandonen la sala. Mirabeau replica: «Estamos aquí por la voluntad del pueblo, y sólo saldremos por la fuerza de las bayonetas» (Bolinaga Iruasegui 2014, cap. Los juramentados). La Asamblea Nacional, consciente de su fuerza política, se proclama Asamblea Constituyente, puesto que los diputados quieren acabar con el autoritarismo real y establecer una monarquía constitucional.

La toma de la Bastilla: el advenimiento de una soberanía nacional

El 26 de junio, Luis XVI concentra sus tropas alrededor de la capital, con el fin de frenar la rebelión de los diputados. El 12 de julio, se produce la destitución del ministro Necker, admirado por una buena parte del pueblo, que lo ve como uno de sus mayores defensores. La multitud, animada por el periodista Camille Desmoulins, se pone a la defensiva.

Camille Desmoulins animando al pueblo a sublevarse.

La agitación aumenta, y se organiza una milicia ciudadana. El 14 de julio, los alborotadores saquean el Palacio Nacional de los Inválidos, tomando las armas y los cañones que encuentran y, a continuación, toman por asalto la Bastilla, una antigua fortaleza convertida en una prisión que es el símbolo del poder real. El asalto acaba con un baño de sangre: los defensores de la Bastilla son asesinados y a su gobernador se le corta la cabeza, que posteriormente se colocará encima de una lanza y se paseará por las calles de París.

Toma de la Bastilla, por Charles Thévenin, c. 1793.

La violencia llega a un tal extremo que Luis XVI cede a la presión parisina: expulsa al ejército de la capital, vuelve a colocar a Necker a su servicio y se dirige al ayuntamiento para enarbolar la escarapela tricolor, símbolo de la Revolución. Asimismo, el comité electoral designa a La Fayette como vicepresidente de la Asamblea y le confía el mando de la Guardia Nacional.

DE LA ESCARAPELA TRICOLOR A LA BANDERA

Cuando Luis XVI va al ayuntamiento, La Fayette le entrega la escarapela de los revolucionarios y, según la leyenda, habría hecho que se le añadiera el blanco —símbolo de la realeza— entre el azul y el rojo, los colores de la ciudad de París. Bajo la República, los tres colores asociados a la Revolución pronto impregnan los estandartes. Sin embargo, cada batallón posee su propia bandera: sobre la base de los tres colores, a menudo representados con franjas horizontales, se le añaden lemas y atributos revolucionarios.

Hacia una monarquía constitucional

A continuación, los acontecimientos se encadenan a una velocidad vertiginosa. Del 4 al 11 de agosto de 1789, la Asamblea Constituyente aprueba varios decretos, proclama la igualdad civil y la igualdad ante los impuestos y planea abolir los privilegios feudales del clero y de la nobleza. El 26 de agosto, adopta la Declaración de los Derechos del Hombre y del Ciudadano que instaura el derecho a la libertad, a la seguridad y a la igualdad ante la ley, pero también la libertad de expresión, el respeto de la propiedad y el reconocimiento del principio de soberanía de la nación. Esta declaración no pone en tela de juicio a la monarquía, pero el poder real está muy debilitado, ya que la Asamblea Constituyente ostenta el poder legislativo. Luis XVI tarda en ratificar estos decretos, lo que provoca descontento entre la población. El 5 de octubre, una multitud empieza a marchar hacia Versalles y, durante la mañana del día 6, lo que al principio solamente era una manifestación acaba de forma dramática: el rey es obligado a abandonar Versalles escoltado y a volver a París, sede de la Asamblea. Finalmente, Luis XVI cede ante la presión y ratifica los decretos de agosto.

En poco tiempo, surge una prensa política con la aparición de decenas de periódicos. Asimismo, florecen clubes políticos donde los sans-culottes debaten apasionadamente; el más conocido es el de los jacobinos.

LOS CLUBES POLÍTICOS, LUGARES DE OPOSICIÓN

Durante la Revolución francesa nace un nuevo tipo de asociación que permite a los ciudadanos debatir sobre temas de la sociedad, comentar la actualidad y hablar sobre proyectos de ley implementados por la Asamblea Nacional. Estas asociaciones adoptan el nombre de clubes políticos o incluso de sociedades populares o patrióticas, y una de las más célebres es la Sociedad de los Amigos de la Constitución —más conocida como Club de los Jacobinos—, cuyo orador más famoso fue Robespierre. Otro de estos clubes, el Club de los Cordeliers, llegará incluso a estar detrás de las grandes jornadas de la Revolución. Fundado en 1790, entre sus miembros más emblemáticos destacan Danton, Marat y Desmoulins. Bajo el Directorio nacerán otros clubes (como el Club del Panteón o el Club de Clichy), pero todos desaparecerán bajo el Consulado.

En medio de esta coyuntura tan propicia para los cambios, la Asamblea aprueba una nueva división administrativa del territorio e instaura el estado civil de los ciudadanos. Asimismo, aprueba que se confisquen los bienes del clero y ratifica la Constitución Civil del Clero (12 de julio de 1790), que establece que los clérigos reciban unos ingresos, que sean elegidos a manos de los ciudadanos y que le presten juramento a la nación, al rey y a la Constitución, algo que divide a la Iglesia entre los curas «adeptos» y los «refractarios». La Fiesta de la Federación (14 de julio de 1790), apogeo de esta era del cambio, reúne a delegados procedentes de todo el territorio francés y en ella el rey jura, por el poder que le ha delegado el Estado, «mantener con todo su poder la constitucion [*sic*] decretada por la asamblea nacional» (Thiers 1840, 371).

Cuadro que representa la Fiesta de la Federación, por Isidore-Stanislas Helman, Antoine-Jean Duclos y Charles Monnet, 1790.

EL DERROCAMIENTO DE LA MONARQUÍA (1790-1792)

Primeras dificultades para la fuga del rey

Sin embargo, el entusiasmo de la Revolución pronto deja paso al desencanto: no solo la crisis financiera continúa sin resolverse, sino que además aparecen tensiones dentro de la Asamblea. Además, su presidente, Mirabeau, fiel aliado de la monarquía constitucional, muere en marzo de 1791. Luis XVI es consciente de que la situación es muy delicada y termina huyendo durante la noche del 21 al 22 de junio de 1791, con el objetivo de reunirse con sus partidarios y con el ejército austríaco para volver y disolver la Asamblea, y restablecer finalmente su poder. Sin embargo, será detenido en Varennes y lo conducirán al palacio de las Tullerías.

Regreso de Varennes — Llegada de Luis XVI a París, el 25 de junio de 1791, por Jean Duplessis-Bertaux, 1791.

Al partir, Luis XVI deja una carta en la que reniega de todos sus compromisos y condena la Revolución, lo que le hace perder la confianza del pueblo. Para calmar la tensión, el marqués de La Fayette, comandante de la Guardia Nacional, intenta difundir la tesis del secuestro del rey, pero los partidarios de la República no se la creerán. El 17 de julio, el Club de los Cordeliers y los jacobinos más violentos piden la abdicación del rey y se reúnen en el Campo de Marte para manifestarse. Entonces, se manda a la Guardia Nacional al lugar, para que disperse a los manifestantes. Sin embargo, estos la reciben tirándole piedras, y el ejército abre fuego sin previo aviso.

La Asamblea Legislativa

El 1 de octubre de 1791, la Asamblea Legislativa sucede a la Asamblea Constituyente, y aparecen nuevos diputados: a la derecha, los feuillants, partidarios de una monarquía constitucional y que, por lo tanto, apoyan al rey; en el centro, los independientes, con opiniones cambiantes; y a la izquierda, los girondinos, partidarios de una república moderada. La extrema izquierda, muy poco reforzada, está representada por los revolucionarios más temibles. La Constitución establecida en septiembre le deja el poder ejecutivo al rey y le da un derecho de veto válido para dos legislaturas.

El 20 de abril de 1792, tras una propuesta de Luis XVI para recuperar su autoridad, Francia declara la guerra a Austria, demasiado entremetida en los asuntos franceses por miedo a la propagación de los ideales revolucionarios por toda Europa. Los girondinos, que esperan exportar la Revolución, apoyan al rey. Sin embargo, el ejército francés está muy mal organizado y, en verano de 1792, los ejércitos de Prusia y de Austria invaden Francia.

LA MARSELLESA

Durante las campañas militares de 1792, el oficial Rouget de Lisle (1760-1836) compone en Estrasburgo un canto de guerra para el Ejército del Rin, al que pronto se le añadirá música. El himno se puede escuchar por primera vez en Marsella, durante un banquete en honor de los voluntarios de la Guardia Nacional que irán a París, y les acompañará durante su recorrido hasta la plaza de la Bastilla, a la que llegan el 30 de julio de 1792. Ante el entusiasmo general, *La marsellesa* se convierte en el himno nacional de Francia, tal como lo proclama el decreto del 22 de mesidor del año III (14 de julio de 1795).

Para frustrar una posible conspiración contra los patriotas que implicaría a la nobleza, la Corte y los sacerdotes, se aprueban tres nuevos decretos promulgados por los girondinos: su objetivo es poner en marcha la expulsión de los sacerdotes refractarios, disolver la guardia del rey y constituir un campamento de 20 000 federados cerca de París. El rey solamente sanciona el segundo decreto, y los ministros girondinos son expulsados. El 20 de junio de 1792, durante una gran manifestación, la población de los suburbios invade las Tullerías. Sin embargo, Luis XVI permanece firme y mantiene su decisión, lo que reanuda las hostilidades.

Entrada de los manifestantes en el palacio de las Tullerías el 20 de junio de 1792, aguafuerte de Pierre-Gabriel Berthault.

Las Tullerías son tomadas y, el 10 de agosto, se encierra a la familia real en la cárcel del Temple. Del 2 al 6 de septiembre, se producen las masacres de septiembre: tras los ánimos de Marat, los sans-culottes toman por asalto la cárcel y masacran a más de mil prisioneros sospechosos de ser monárquicos.

LA PRIMERA REPÚBLICA (1792-1794)

La Convención girondina

Tras la caída de las Tullerías y la disolución de la Asamblea Legislativa, se elige una nueva asamblea por sufragio universal masculino: la Convención. Dicha asamblea se divide espontáneamente en tres partidos: los diputados más moderados, llamados girondinos; los diputados radicales, que son los montañeses, cuyos miembros destacados son Danton, Robespierre y Marat; y, finalmente, los diputados moderados u «oportunistas», la Llanura. Los girondinos son los grandes vencedores de estas elecciones.

El 20 de septiembre de 1792, los ejércitos franceses logran repeler a los austro-prusianos en Valmy. Un día después de la victoria, se reúne la Convención para decidir el destino de la monarquía. Aunque todos reconocen la traición del rey, no hay unanimidad sobre la pena que habría que aplicar: los girondinos quieren encarcelar o desterrar al rey, mientras que los montañeses lo quieren muerto. Sin embargo, el destino de Luis XVI se sella con el saqueo de las Tullerías, ya que se descubre un armario de hierro secreto que, según sus detractores, contendría documentos que lo vincularían con potencias europeas. Entonces, el ciudadano Luis Capet es condenado por conspiración contra la seguridad general del Estado y es guillotinado el 21 de enero de 1793. La ejecución del rey provoca la formación de la Primera Coalición contra Francia, integrada por Gran Bretaña, Austria, Prusia, España, Holanda, Portugal y Rusia. Francia queda sumida de nuevo en la guerra.

Durante el año 1793, la situación empeora. En marzo, el anuncio del reclutamiento de 300 000 hombres para apoyar la guerra contra Europa genera un levantamiento en el oeste de Francia. A continuación, la Asamblea establece un tribunal criminal extraordinario (23 de marzo de 1793), un esbozo del futuro Tribunal Revolucionario que juzgará a los traidores y oponentes, y un Comité de Salvación Pública, presidido por Danton (6 de abril de 1793).

Las revueltas contrarrevolucionarias (1793-1801)

Si la Constitución Civil del Clero y la ejecución del rey ya habían trastornado el oeste católico y monárquico, el reclutamiento de 300 000 hombres refuerza todavía más la hostilidad hacia la Convención. En Bretaña y Vendée, se produce una rebelión que se transforma en una guerra civil. Ante los primeros triunfos vendeanos, la represión de los republicanos se vuelve más sangrienta y mueren decenas de miles de personas.

De enero a mayo de 1794, los ejércitos republicanos recorren los campos incendiando las tierras y cometiendo violaciones, torturas, saqueos y masacres, por lo que recibirán el nombre de «columnas infernales». El 17 de octubre de 1795, los vendeanos son derrotados en Cholet (Maine-et-Loire). A pesar de un intento de pacificación a manos del Directorio, la calma no volverá hasta la época de Napoleón Bonaparte y el Consulado y la publicación del Concordato (acuerdo entre la Santa Sede y Francia).

La Convención Montañesa

Los problemas internos y externos que afectan a Francia perjudican al Gobierno girondino, que es fuente de descontento general y recibe ataques de todas partes: de Marat, desde lo alto de la tribuna del Club de los Cordeliers; de los sans-culottes de la Comuna de París; y, también, de Robespierre. En este punto, los girondinos intentan una última maniobra: llaman a la provincia a levantarse contra la Comuna de París. Ante la amenaza de una guerra civil, Robespierre hace un llamamiento a la insurrección popular y, el 31 de mayo de 1793, los girondinos son acusados de haber traicionado a la patria: son expulsados de la Convención y son detenidos. Finalmente, vencen los montañeses.

A partir de septiembre, el Gobierno instaura el Terror: se reprimen las manifestaciones federalistas, se aplasta a los vendeanos y se repelen los ataques de la coalición. Todos los opositores al régimen son perseguidos y ejecutados y, el 16 de octubre de 1793, le toca subir al cadalso a María Antonieta.

María Antonieta llevada a la guillotina, cuadro de William Hamilton, 1794.

Para marcar de forma permanente el divorcio con el antiguo orden, el Gobierno impone el calendario republicano (24 de noviembre de 1793). Por iniciativa de Robespierre, el decreto del 14 de frimario del año II (4 de diciembre de 1793) establece un Gobierno de excepción, bajo los auspicios del Comité de Salvación Pública. Aunque la creación de un tribunal revolucionario estaba centrada contra los enemigos de la Revolución, se utilizará gradualmente como arma contra los miembros de la Convención y los opositores al régimen. Así, más de 200 000 hombres serán detenidos en las cárceles. Pero, poco a poco, empiezan a aparecer disensiones en la Montaña: mientras que algunos quieren mantener el Terror, los indulgentes, que son más moderados, quieren detenerlo y exigen la liberación de los hombres encarcelados. Robespierre es consciente de que las dos corrientes son una amenaza para la República y las reprimirá con violencia, con gran pesar.

El calendario republicano

Danton propone que se establezca un nuevo calendario, en el que en vez de comenzar el año el 1 de enero se empiece por el día del equinoccio de otoño (que es el aniversario del primer día de la República). Los documentos públicos llevarán la fecha del año I de la República. Los meses de otoño se llamarán vendimiario, brumario, frimario; los de invierno, nivoso, pluvioso y ventoso; los de primavera, germinal, floreal y pradial; y, finalmente, los de verano, mesidor, termidor y fructidor. Cada mes tendrá 30 días, y los 5 días restantes para completar el año serán las Jornadas «Sans-culottides» (de los sans-culottes) que, entre el 16 y el 22 de septiembre, servirán para celebrar las cinco fiestas laicas y republicanas: la Fiesta de la Virtud, del Talento, del Trabajo, de la Opinión y de las Recompensas. Finalmente, durante los años bisiestos tendrá lugar también la Fiesta de la Revolución.

La Ley del 22 de Pradial del año II (10 de junio de 1794) es un golpe para los opositores al régimen, ya que reduce los procesos a simples comparecencias ante los jueces. En ese momento, el uso de la guillotina es constante: es el advenimiento del Gran Miedo. Sin embargo, la batalla de Fleurus (26 de junio de 1794) aleja definitivamente de las fronteras francesas la amenaza de la coalición. Robespierre, por su parte, condena los excesos de este sistema de violencia y quiere acabar con él, pero no le dará tiempo: sus opositores se reúnen y, el 9 de termidor (27 de julio de 1794), es detenido junto con sus partidarios. Al día siguiente, serán guillotinados.

La Convención Termidoriana

Tras el derrocamiento de Robespierre, los vencedores termidorianos ponen fin al Terror y vuelven a convocar a los diputados girondinos: el poder vuelve a estar en manos de una República burguesa liberal y moderada que, sin embargo, no se gana la simpatía del pueblo. Muy pronto, la Convención teme un ataque de las fuerzas monárquicas, y con razón: el 13 de vendimiario del año IV (5 de octubre de 1795) estalla la insurrección. Un joven general desconocido de 26 años, antiguo partidario de Robespierre, la reprime enérgicamente y salva la Convención: se trata, ni más ni menos, de Napoleón Bonaparte.

Fusilamiento frente a la iglesia Saint-Roch de París durante la insurrección monárquica.

El 4 de brumario del año IV (26 de octubre de 1795), se instaura un nuevo régimen: el Directorio. La nueva Constitución del año III, aprobada el 29 de mesidor (17 de agosto de 1795), se basa en la división del poder legislativo y ejecutivo. El legislativo está formado por dos cámaras distintas: el Consejo de los Quinientos, que formula las leyes, y el Consejo de los Ancianos, que las valida. El ejecutivo, por su parte, se le confía al Directorio y está compuesto por cinco directores. Finalmente, el sufragio ya no es universal, sino que pasa a ser censitario: solamente pueden votar los más ricos.

EL DIRECTORIO (26 DE OCTUBRE DE 1795-9 DE NOVIEMBRE DE 1799)

Un Gobierno arbitrario

Cuando se proclama el Directorio, la situación administrativa y financiera de Francia es catastrófica. La falta de orden y administración promueve la anarquía y la criminalidad. El hambre sigue causando estragos y Francia, incapaz de pagar su deuda, debe resignarse a la quiebra de los dos tercios: dos tercios de la deuda pública no serán pagados, mientras que el tercio restante se reprogramará y se registrará en el Gran Libro de la Deuda Pública. A esta situación se le debe sumar la pérdida de valor del asignado, la moneda revolucionaria. La miseria en el campo es muy importante, mientras que una pequeña élite vive con todo lujo y hace ostentación de su fortuna.

El periodo del Directorio está marcado por la inestabilidad política. La propaganda monárquica, con el apoyo de los hermanos de Luis XVI y de los países enemigos, se intensifica hasta el punto de que los partidarios de volver a la monarquía son mayoría en las elecciones del año V (marzo de 1797). Para detener el avance monárquico, los republicanos organizan un golpe de Estado la mañana del 18 de fructidor (4 de septiembre de 1797) e invalidan los resultados de las elecciones. La represión es brutal y la prensa es vigilada muy de cerca.

Ante la amenaza monárquica, los republicanos se congregan. Los clubes se vuelven a abrir, y el jacobinismo renace de sus cenizas con el objetivo de ganar las próximas elecciones legislativas. Sin embargo, esta movilización jacobina preocupa a los partidarios del Directorio. Y, del mismo modo que ocurrió con los monárquicos, el golpe de Estado del 22 de floreal (11 de mayo de 1798) anula las elecciones en detrimento del partido jacobino.

Más allá de las fronteras, la guerra con los austriacos continúa. El Ejército de Italia, comandado por el general Napoleón Bonaparte, sorprende: gracias a su líder, consigue anexar el norte y el centro de Italia en 1796, antes de someter a Austria y de imponer, el 26 de vendimiario del año VI (18 de octubre de 1797), el Tratado de Campoformio, que pone fin a la Primera Coalición europea contra Francia. Pero la difusión de las ideas revolucionarias más allá de Francia y la multiplicación de las repúblicas hermanas en los territorios conquistados preocupa a las grandes potencias, hasta el punto de que Rusia y el Reino Unido, por miedo al dominio de Francia, tomarán la iniciativa de la Segunda Coalición de 1798.

Golpe de Estado del 18 de brumario

A principios del año 1799, la situación de la República es particularmente inquietante: el régimen agoniza, los fracasos militares son numerosos y el 30 de pradial (18 de junio de 1799) se produce un golpe de Estado que acaba con la dimisión de tres directores. Las horas del Directorio están contadas.

El 18 y 19 de brumario del año VII (9 y 10 de noviembre de 1799) se produce un nuevo golpe de Estado con el que Napoleón Bonaparte toma el poder e instaura un nuevo régimen dictatorial, el Consulado, poniendo fin a la Revolución francesa.

- 45 -

El general Bonaparte en el Consejo de los Quinientos, en Saint-Cloud, el 10 de noviembre de 1799, cuadro de François Bouchot.

REPERCUSIONES DE LA REVOLUCIÓN

UNA SOCIEDAD TRANSFORMADA PARA SIEMPRE

La Revolución lega la Declaración de los Derechos del Hombre y del Ciudadano, que promueve la igualdad de los ciudadanos ante la ley, define las libertades fundamentales y los derechos imprescriptibles, y establece la soberanía de la nación. Las guerras llevadas a cabo contra la Primera Coalición europea contribuyen a la difusión de los ideales revolucionarios en una gran parte de Europa, y conducen a la creación de repúblicas hermanas. Estos conflictos se alargarán durante las guerras napoleónicas bajo el Consulado (noviembre de 1799-mayo de 1804) y el Imperio (mayo de 1804-marzo de 1815), y permiten que Napoleón anexione amplios territorios a Francia. Con el objetivo de gobernar la mayor parte de Europa, este entroniza a los miembros de su familia en los países vasallos de Francia. Además, en los territorios conquistados, se adoptan constituciones «a la francesa» y se produce la abolición del feudalismo.

«En los países que han sido o serán ocupados por los ejércitos de la República, los generales proclamarán en el acto, en nombre de la nación francesa, la soberanía del pueblo, la supresión de todas las autoridades establecidas, de los impuestos o contribuciones existentes, la abolición de los diezmos, de la feudalidad, de los derechos señoriales [...] y, en general, de todos los privilegios. [...] Anunciarán al pueblo que le traen paz, ayuda, fraternidad, libertad e igualdad [...]» (Prieto 1989, 129).

LA FUNDACIÓN DE LOS DERECHOS CIVILES

Napoleón, en cierta medida, quiere conservar los logros de la Revolución, por lo que integrará en su Código Civil de 1804 los principios de libertad, igualdad y laicidad del Estado de los ideales revolucionarios.

Durante el episodio revolucionario, el principio de libertad progresa de forma considerable. Al abolir la feudalidad, la Revolución saca al pueblo de su condición de servidumbre y convierte la libertad individual en una de sus principales preocupaciones. La Declaración de los Derechos del Hombre y del Ciudadano reconoce la libertad de opinión y de prensa, ya que considera que «La libre comunicación de pensamientos y opiniones es uno de los derechos más valiosos del Hombre» (Conseil Constitutionnel 2017). Asimismo, con ella todos los hombres poseen el derecho a la propiedad. Para los revolucionarios, libertad e igualdad son indisociables: sin igualdad, la libertad solamente es un privilegio de unos pocos. Este principio fundamenta el primer artículo de la Declaración: «Los hombres nacen y permanecen libres e iguales en derechos» (*ib.*).

Según el Código Civil de Napoleón, todos los hombres pueden acceder a un empleo público en función de sus habilidades, siendo así reconocidos por lo que son, sin que haya distinciones por clase, origen o religión. Por consiguiente, el nacimiento ya no es un factor de éxito. La igualdad de los ciudadanos también pasa por una igualdad de todos ante la ley. Los legisladores (diputados) son los encargados de hacer las leyes que los jueces hacen cumplir, independientemente de toda consideración moral, religiosa y política. No obstante, la igualdad no se aplica a las mujeres, cuyos derechos civiles son limitados: el Código Civil las declara en «incapacidad jurídica total». Habrá que esperar hasta los años treinta para que esta desigualdad sea abolida en Francia.

La Revolución Francesa también transforma la práctica del culto religioso. Con la implementación de las primeras medidas anticlericales (prohibición del uso del hábito eclesiástico fuera del ejercicio de la función sacerdotal, elección del culto, confiscación de los bienes del clero, Constitución Civil del Clero, etc.), busca reducir el poder de la Iglesia y el clero. La religión católica, aunque todavía es la primera religión de Francia, ya no es la religión del Estado y por lo tanto ya no tiene ningún poder político. Napoleón continúa en esta dirección y convierte la secularización del Estado en un principio fundamental de su Código Civil. De acuerdo con la Ley Revolucionaria de 1792, el estado civil ya no depende de las parroquias: el matrimonio y el divorcio ahora también dependen de la ley civil. Sin embargo, este último es limitado en tiempos de Napoleón.

El Código Civil ha servido de base para el derecho moderno de muchos países europeos, gracias a la mezcla y la modernización de las prácticas del Antiguo Régimen y a los principios de la Ilustración.

EL ADVENIMIENTO DE LA DEMOCRACIA

La Revolución francesa, con su precepto para la separación de poderes, abre una nueva era donde puede surgir una vida política, pasando del sufragio censitario al sufragio universal en 1792. El desafío que se presentará durante los siglos subsiguientes será encontrar un equilibrio entre una soberanía popular y una autoridad del Estado ostentada por un Gobierno o por un único hombre.

El siglo XIX, aunque está vinculado a los ideales de la Revolución francesa, se ve marcado por las desigualdades sociales y políticas. El sufragio censitario del Directorio vuelve a sustituir al sufragio universal masculino de 1792. La mayoría de regímenes de la época utilizarán esta práctica para controlar y limitar el electorado a los ciudadanos más ricos. El nacimiento de la democracia tendrá que esperar hasta el siglo XX, cuando la mayoría de países europeos adopten el sufragio universal que permita que las mujeres también voten.

EL NACIMIENTO DE UNA CONCIENCIA NACIONAL

Con el principio de soberanía nacional en el centro de sus preocupaciones, la Revolución francesa reivindica la liberación de las naciones y de las personas. El derecho de los pueblos a la autodeterminación se desprenderá de esta idea.

> «El principio de toda Soberanía reside esencialmente en la Nación. Ningún cuerpo ni ningún individuo pueden ejercer autoridad alguna que no emane expresamente de ella» (artículo 3 de la Declaración, ib.).

A pesar de que las guerras revolucionarias y napoleónicas

traicionan a este ideal, este principio provocará grandes cambios en la Europa del siglo XIX, ya que hará nacer una conciencia nacional en los países conquistados, que se sienten oprimidos ante la dominación de Napoleón en Europa. En efecto, los territorios caídos en manos de los franceses son víctima de saqueos o se les requisan los bienes, además de ser sometidos al pago de elevados impuestos. Esto favorece la aparición de una toma de conciencia nacional, y los disturbios populares no tardan en producirse.

Con la derrota de Napoleón en 1815 y el Tratado de Viena (9 de junio de 1815), los soberanos europeos tienen la oportunidad de volver a definir las fronteras, y se produce la restauración de las antiguas monarquías. Tras la destitución del emperador, las reformas francesas, no obstante, siguen siendo vigentes, a pesar de encontrar cierta resistencia en las zonas donde la aristocracia ostenta mucho poder (Europa del Este). Estas reformas también ponen fin al Sacro Imperio Romano Germánico, cuya caída dará lugar al nacimiento del sentimiento nacional alemán.

CUANDO EL TERROR DURA DIEZ AÑOS

La Revolución francesa, paralelamente a estos factores positivos, también está marcada por una serie de elementos nefastos, puesto que es un periodo de extrema violencia marcado por la brutalidad y la destrucción.

La toma de la Bastilla es el primer estallido de violencia, y se salda con la muerte de un centenar de personas. Esta excitación continúa durante las Jornadas de Octubre —en las que se masacra a la guardia real de Luis XVI—, y alcanza su apogeo durante la masacre de septiembre de 1792, en la que mueren 1614 presos. Sin lugar a dudas, esta brutalidad preocupa a las élites revolucionarias, que buscan canalizarla a través de una forma igualmente violenta: el Terror. Pero, aunque el furor popular se manifiesta de forma esporádica y local, el Terror es utilizado como arma política y, de 1793 a 1794, mueren cerca de 40 000 personas y alrededor de 500 000 son encarceladas. No todas son culpables, lo que las convierte en víctimas de procedimientos expeditivos y de juicios arbitrarios, ya que en ese momento y según la Ley de Sospechosos de 17 de septiembre de 1793, se considera sospechosos a «quienes antes eran nobles, junto con sus maridos, esposas, padres, madres, hijos o hijas, hermanos o hermanas, y representantes de emigrados, quienes no han manifestado constantemente su adhesión a la Revolución […]» (Ivorra s. f.). Por otra parte, cada vez se produce una mayor restricción de las libertades (ley contra los extranjeros), al amparo del Comité de Seguridad General, y se cometen abusos: al terrorismo de Estado se le añade la represión.

También en nombre de la ideología revolucionaria, se elimina un capítulo completo del patrimonio cultural y arquitectural del Antiguo Régimen y, en nombre del compromiso republicano, numerosas obras de arte, símbolos feudales —como el castillo de Montrond y de Boulogne—, monárquicos —el castillo de Beaumont o el de los príncipes de Condé en Chantilly— o religiosos —la catedral Notre-Dame de Cambrai o la cartuja de Champmol— sufren las consecuencias de actos vandálicos, llegando incluso a ser destruidos en algunas ocasiones.

1788-1789
Crisis del trigo, financiera y parlamentaria

1788
7 jun.: Jornada de las Tejas

1789

5 may.: **apertura de los Estados Generales**
17 jun.: los Estados Generales se autoproclaman
Asamblea Nacional

20 jun.: **juramento del Juego de Pelota**
9 jul.: la Asamblea Nacional se autoproclama
Asamblea Constituyente

14 jul.: **toma de la Bastilla**

26 ag.: **adopción de la Declaración de los
Derechos del Hombre y del Ciudadano**

1790
14 jul.: Fiesta de la Federación

1791

21-22 jun.: **el rey y su familia huyen de París;
son detenidos en Varennes**

17 jul.: fusilamiento en el Campo de Marte

Sept.: **redacción de la primera Constitución**

1792
20 abr.: Francia declara la guerra a Austria

10 ag.: **toma de las Tullerías; el rey y su familia
son encarcelados en el Temple**

1792-1795
Sept. 1792-oct. 1795 : periodo de la Convención

1793

21 en.: **Luis XVI es guillotinado; su muerte
desencadena la formación de la Primera
Coalición contra Francia**

Sept. 1793-jul. 1794 : **instauración del Terror**

16 oct.: María Antonieta es guillotinada

1794

10 jun.: **advenimiento del Gran Miedo**

27 jul.: Robespierre es detenido y guillotinado

1795

5 oct.: insurrección monárquica conducida por Napoleón Bonaparte, entre otros

1795-1799

Periodo del Directorio

1797

4 sept.: golpe de Estado del 18 de fructidor contra los monárquicos

18 oct.: fin de la Primera Coalición contra Francia

1798

11 may.: golpe de Estado del 22 de floreal contra los jacobinos

1799

18 jun.: golpe de Estado del 30 de pradial, que provoca la dimisión de tres directores

9-10 nov.: **golpe de Estado del 18 y 19 de brumario; Napoleón Bonaparte toma el poder**

1799-1804

Periodo del Consulado

- El 5 de mayo de 1789, los Estados Generales se reúnen en Versalles y presentan su lista de propuestas.
- El 17 de junio, ante el fracaso de los Estados Generales, los diputados del tercer estado junto con algunos miembros del clero y de la nobleza se autoproclaman Asamblea Nacional. Tres días después, prestan el juramento del Juego de Pelota, comprometiéndose a no disolverse hasta que hayan dotado a Francia de una Constitución.

- El 14 de julio, como respuesta a la destitución del ministro Necker y a la concentración de tropas alrededor de la capital ordenada por el rey, algunos agitadores toman por asalto la Bastilla.
- El 26 de agosto se instaura la Declaración de los Derechos del Hombre y del Ciudadano, que instituye el derecho a la libertad, a la seguridad y a la igualdad ante la ley, proclama la libertad de expresión y el respeto a la propiedad, y reconoce el principio de soberanía de la nación.
- El 12 de julio de 1790, la Asamblea aprueba que se confisquen los bienes del clero, así como su Constitución Civil, una decisión que divide a la Iglesia y a Francia.
- El 14 de julio, durante la Fiesta de la Federación, el rey jura «mantener con todo su poder la constitucion [*sic*] decretada por la asamblea nacional» (Thiers 1840, 371).
- El 21 de junio de 1791, Luis XVI huye para reunirse con sus partidarios y el ejército austríaco, con el objetivo de intentar disolver la Asamblea y restablecer su poder. Sin embargo, es detenido en Varennes y conducido al palacio de las Tullerías.
- El 1 de octubre, la Asamblea Legislativa sucede a la Asamblea Constituyente.
- El 20 de abril de 1792, Francia le declara la guerra a Austria. La operación se salda con un fracaso: los ejércitos prusianos y austríacos invaden Francia.
- El 10 de agosto, el pueblo toma las Tullerías y obliga a encerrar a la familia real en la cárcel del Temple.
- El 20 de septiembre se disuelve la Asamblea Legislativa y se aprueba por sufragio universal una nueva Convención, que es esencialmente girondina y establece la abolición de la monarquía al tiempo que instaura la Primera

República.

- El 21 de enero de 1793, tras haber sido declarado culpable de conspiración contra la seguridad general del Estado, Luis XVI es guillotinado. Ocho meses después, la reina María Antonieta sufrirá el mismo final.
- El 2 de junio, bajo la presión de los sans-culottes, los diputados girondinos son arrestados. Este episodio marca el triunfo de la Convención Montañesa.
- El 4 de diciembre, Robespierre hace aprobar el decreto del 14 de frimario del año II, que establece la implementación de un Gobierno de excepción que ostentará todos los poderes.
- El 27 de julio de 1794, bajo el impulso de un gran número de diputados agotados por el Terror, Robespierre y sus partidarios son detenidos y ejecutados.
- El 26 de octubre de 1795, comienza el Directorio. El sufragio universal es sustituido por el sufragio censitario que solamente autoriza el voto de los más ricos. Asimismo, se proclama la nueva Constitución del año III.
- El 4 de septiembre de 1797 se producen nuevas elecciones y, para evitar que los monárquicos (mayoritarios) lleguen al poder, los republicanos organizan un golpe de Estado la mañana del 18 de fructidor e invalidan las elecciones. El escrutinio de 1789 tendrá una suerte similar.
- El 9 y 10 de noviembre de 1799, Napoleón derroca al Directorio e instaura un nuevo régimen dictatorial: el Consulado. Con él, la Revolución acaba.

¡Tu opinión nos interesa!
¡Deja un comentario en la página web de tu librería en línea,
y comparte tus favoritos en las redes sociales!

PARA IR MÁS ALLÁ

FUENTES BIBLIOGRÁFICAS

- Biard, Michel, Philippe Bourdin, Silvia Marzagalli y Joël Cornette. 2009. *Révolution, Consulat, Empire: 1789-1815*. París: Belin, colección *Histoire de France*.
- de Goncourt, Edmond y Jules de Goncourt. 2002. *Histoire de la société française pendant la Révolution*. París: Éditions du Boucher.
- Furet, François. 1985. *Penser la Révolution française*. París: Folio Histoire.
- Hermant, Daniel. 1978. "Destruction et vandalisme pendant la Révolution française". *Annales: Économies, sociétés, civilisations*, vol. 33, n.° 4, 704-719.
- Lavisse, Ernest. 1921. *Histoire de France contemporaine depuis la Révolution jusqu'à la paix de 1919*. París: Hachette.
- Le Bon, Gustave. 1916. *La Révolution française et la psychologie des révolutions*. París: Flammarion.
- Mathiez, Albert. 1989. *La Révolution française: la chute de la royauté, la Gironde et la Montagne, la Terreur*. Lyon: La Manufacture.
- Mornet, Daniel. 1989. *Les origines intellectuelles de la Révolution française 1715-1787*. Lyon: La Manufacture.
- Rabaut, Jean-Paul. 1807. *Précis historique de la Révolution française*. París: Truettel et Würtz.
- Souchal, François. 1993. *Le vandalisme de la Révolution*. París: Nouvelles Éditions latines.
- Thiers, Adolphe. 2007. *Histoire de la Révolution française*. Ebooks libres et gratuits.

- Tocqueville, Alexis. 1856. *L'Ancien Régime et la Révolution*. s. l.: Édition numérique européenne.

FUENTES COMPLEMENTARIAS

- Baradero te informa. 2015. "María Antonieta, la reina desdichada, de Cristina Morató". *Baradero te informa*. 24 de mayo. Consultado el 27 de febrero de 2017. http://www.baraderoteinforma.com.ar/maria-antonieta-la-reina-desdichada-de-cristina-morato/
- Bernstein, Serge y Michel Winock. 2002. *L'histoire de la France politique: l'invention de la démocratie 1789-1914*. París: Points, colección *Histoire*.
- Bertaud, Jean-Paul. 2004. *La Révolution française*. París: Perrin.
- Bolinaga Iruasegui, Íñigo. 2014. *Breve historia de la Revolución francesa*. Madrid: Ediciones Nowtilus S.L., colección *Breve Historia*.
- Conseil Constitutionnel, "Declaración de los Derechos del Hombre y del Ciudadano de 1789", 2017. Consultado el 28 de febrero de 2017. http://www.conseil-consti-tutionnel.fr/conseil-constitutionnel/root/bank_mm/espagnol/es_ddhc.pdf
- Furet, François y Denis Richet. 1973. *La Révolution française*. París: Fayard.
- García de Leániz Caprile, Ignacio. 2014. "Las dos muertes de Machado". *El Mundo*. 21 de febrero. Consultado el 27 de febrero de 2017. http://www.elmundo.es/opinion/2014/02/20/530650a2ca474192578b4582.html
- Ivorra, Carlos. s. f. "La guerra de la Vendée". *Universitat de València*. Consultado el 27 de febrero de 2017. https://

www.uv.es/ivorra/Historia/SXVIII/1793.htm

- Lefèvre, Benoît. 2016. *Robespierre, l'Incorruptible défenseur du peuple*. Bruselas: Lemaitre Publishing, colección *50MINUTES*.
- Mettra, Mélanie. 2014. *La Terreur, le tournant de la Révolution*. Bruselas: Lemaitre Publishing, colección *50MINUTES*.
- Mettra, Mélanie. 2014. *La guerre de Vendée*. Bruselas: Lemaitre Publishing, colección *50MINUTES*.
- Nafilyan, Hadrien. 2015. *Louis XVI. «Le malheur de devenir roi»*. Bruselas: Lemaitre Publishing, colección *50MINUTES*.
- Nafilyan, Hadrien. 2015. *Napoléon Bonaparte*. Traducido por Marina Martín Serra. Bruselas: Plurilingua Publishing, colección *50Minutos*.
- Pichot-Bravard, Philippe. 2014. *La Révolution française*. Versalles: Via Romana.
- Prieto, Fernando. 1989. *La Revolución francesa*. Madrid: Ediciones Istmo, colección *La Historia en sus textos*.
- Ramírez Codina, Pedro J. 2011. *El primer naufragio*. Madrid: La esfera de los libros.
- Thiers, Adolphe. 1840. *Historia de la Revolución francesa*, vol. 1. Traducido por Sebastián Miñano. San Sebastián: Imprenta de Ignacio Ramón Baroja.

FUENTES ICONOGRÁFICAS

- *La Asamblea de Vizille*, cuadro de Alexandre Debelle, 1853. La imagen reproducida está libre de derechos.
- Retrato de Luis XVI en traje de coronación, cuadro de Joseph Duplessis, 1777. © Museo Carnavalet.

- *Luis XVI y el abad Edgeworth de Firmont al pie del cadalso*, cuadro de Charles Benazech, 1793. La imagen reproducida está libre de derechos.
- Grabado que representa a Danton en el estrado. La imagen reproducida está libre de derechos.
- Retrato de Robespierre. La imagen reproducida está libre de derechos.
- Retrato de Gilbert du Motier de La Fayette, por Joseph-Désiré Court, 1834. La imagen reproducida está libre de derechos.
- Retrato de Mirabeau. La imagen reproducida está libre de derechos.
- Retrato de Marat. La imagen reproducida está libre de derechos.
- Apertura de los Estados Generales en Versalles en la sala de los Pequeños Placeres, por Isidore-Stanislas Helman y Charles Monnet. La imagen reproducida está libre de derechos.
- Copia de *El juramento del Juego de Pelota* de Jacques-Louis David, por Luc-Olivier Merson, 1883. La imagen reproducida está libre de derechos.
- Camille Desmoulins animando al pueblo a sublevarse. © Pierre-Gabriel Berthault.
- *Toma de la Bastilla*, por Charles Thévenin, *c.* 1793. La imagen reproducida está libre de derechos.
- Cuadro que representa la Fiesta de la Federación, por Isidore-Stanislas Helman, Antoine-Jean Duclos y Charles Monnet, 1790. © Bibliothèque nationale de France.
- *Regreso de Varennes — Llegada de Luis XVI a París, el 25 de junio de 1791*, por Jean Duplessis-Bertaux, 1791. La imagen reproducida está libre de derechos.

- *Entrada de los manifestantes en el palacio de las Tullerías el 20 de junio de 1792*, aguafuerte de Pierre-Gabriel Berthault. La imagen reproducida está libre de derechos.
- *María Antonieta llevada a la guillotina*, cuadro de William Hamilton, 1794. La imagen reproducida está libre de derechos.
- Fusilamiento frente a la iglesia Saint-Roch de París durante la insurrección monárquica. La imagen reproducida está libre de derechos.
- *El general Bonaparte en el Consejo de los Quinientos, en Saint-Cloud, el 10 de noviembre de 1799*, cuadro de François Bouchot. La imagen reproducida está libre de derechos.

PELÍCULAS

- *Danton*. Dirigida por Andrzej Wajda, con Gérard Depardieu, Wojciech Pszoniak y Anne Alvaro. Francia y Polonia: Les Films du Losange, 1983.
- *Chouans!* Dirigida por Philippe de Broca, con Philippe Noiret, Sophie Marceau y Lambert Wilson. Francia: Antenne 2 y Partner's Production, 1988.
- *Historia de una revolución*. Dirigida por Roberto Enrico, con Klaus Maria Brandauer, Françoit Cluzet y Jane Seymour. Francia, Alemania, Italia, Reino Unido y Canadá: 1989.

¡APRENDER NUNCA ANTES FUE TAN RÁPIDO!

www.en50minutos.es